I0155612

www.ingramcontent.com/pod-product-compliance
Lightning Source LLC
LaVergne TN
LVHW051818080426
835513LV00017B/2010

* 9 7 8 1 9 3 7 4 1 7 8 2 6 *

שלום בערגער
ZACKARY SHOLEM BERGER

קאָוויד
COVID

לידער, אײַנדרוקן און גבֿית־עדותן
פֿון אַ פּאַנדעמיע

POEMS, IMPRESSIONS, AND TESTIMONIES
FROM A PANDEMIC

ייִדיש בראַנזשע
Yiddish Branzhe
ניו־יאָרק
2023

שלום בערגער

קאָוויד

לידער, אײַנדרוקן און גבֿית־עדותן פֿון אַ פּאַנדעמיע

ZACKARY SHOLEM BERGER

COVID

POEMS, IMPRESSIONS, AND TESTIMONIES FROM A PANDEMIC

Edited by Boris Sandler
Cover drawing by Liora Ostroff
Design and Layout by Boris Budiyanskiy

ISBN: 978-1-937417-82-6

אינהאַלט:

פֿאַרשריבן אין בלײַ
אויפֿן פֿאַרחתמעטן וואַגאָן

דן פּאַגיס

דאָ אין דעם טראַנספּאָרט

איך חווה

מיטן זון מײַנעם הבֿל

טאָמער זעט איר מײַן גרויסן זון

קין בן אָדם

זאָגט אים אַז איך

■ ■ ■

די נאַכט איז כּולל אין זיך אַלע קראַנקייטן און געזונטן.
יעדער איז אין איר סײַ פּאָזיטיוו, סײַ נעגאַטיוו.
די איינציקע רפֿואה איז דער זון־אויפֿגאַנג.
צי ער וועט קומען ווייסט נאָר איין אַלזעיִקער דאָקטער.

■ ■ ■

Night includes all illnesses and healthiness
Everyone is positive and negative inside it
The only cure is sunrise
Whether it comes knows only the all-seeing physic

[7]

ס'איז געשען פורים

איך פֿרעג יעדן מענטש, ווו די פֿרייד געפֿינט זיך,
נישט אין וועלכן בוך נאָר אין וועלכער שטוב פּינקטלעך.

איצט איז דער מיטן. איצט איז סוף
און אָנהייב און ווער־ווייסט און וועק־שוין־אויף.

ווײַל אומגליק איז אומעטום וועל איך דאָס פֿאַרשווײַגן צו ערשט,
בעת איך נעם זיך צום גליק וואָס רוישט און רעשט.

אַפֿילו אין געפּאַקטן ICU קען זײַן פֿרייד.
נישט פֿון פֿאָרויס צוגעגרייט.

איר וועט מיינען, אַז איך פֿאַרשווײַג דעם אומגליק.
איר וועט זיך באַליידיקן און נישט קומען צוריק.

ניין, איך האַלט, אַז פֿרייד פֿאַרקוקט מען אָפֿט
און קאָשמאַרן שטערן דעם שלאָף,

בשעת שטילערהייט שײַנט די לבֿנה און די שטערן
בלײַבן הענגען דאָרט אויבן, נישט זיי שטערן,

נישט זיי ווירקן אויף וואָס ס'קומט פֿאָר אין לעבן.
מיר האָבן ווייניק, ווײַל ווייניק ווערט געגעבן.

What Happened on Purim

I ask every person where joy is found
Not in which book but specifically which house

Now it's the middle. Now it's the end
It's also who knows and wake up again.

Since sorrow is everywhere about that I'll first be silent
And call for the voice of joy which is loud and variant.

There can be joy in the crowded ICU
Though it was not planned by you.

You'll think I'm silencing tragedy.
You'll be insulted, never come back to me.

I think happiness is often overlooked
And by nightmares we're shook

Silently the moon and stars hang there
They don't bother us, or really care

Don't affect what happens in our lives
We have little, because little is given

מע שטאַרבט אויף טריט און שריט, מע קרענקט.
מע רעדט זיך איַין, אַז דאָס וועט מען געדענקען

אויף אייביק. מע וועט אָבער פֿאַרגעסן, ווי קיין מאָל גאָר נישט.
מע וועט זיך אָפּשטעלן נאָר אויפֿן אומגליק. און דאָס טאָר מען נישט.

וואָס מיין איך מיט פֿרייד בשעתן פּאַנדעמיק?
טו איך איגנאָרירן די טויטן און די מוטשענישן, די פּאַניק?

בין איך נאָר אויסן די טריוויאַלע מעשׂים־כּל־יום,
שטראַלן און זונענשײַן, דער ים מיטן שוים?

הער זיך איַין, אַ מעשׂה דערלויב איך צו דערציילן
מיט טראָפּנדלער פֿרייד, ווי אַ שפּריירעגן, איבערציילן.

די מעשׂה הייבט זיך אָן, וואָדען, אין אַ שיל,
ווו מע נודיעט זיך, מע לאַכט, און מ'לעבט־איבער אַזוי פֿיל.

ס'איז פּורים, ס'איז אַ שיל קוויר־פֿרײַנדלעך און פֿרײַ,
נישט פֿרום, נאָר גאַנץ ייִדישלעך. וואַרעם און געטרײַ,

כאָטש נישט אַזוי פֿרום, מ'איז יעדן מקבל.
באַקענט זיך: דער ראַבײַ, שמואל, איז וואַרעם און קאַפּאַבל.

אויף אויסטײַטשן ייִדישקייט פֿאַר אַ נײַעם דור,
וואָס איז סײַ אויסגעוואָרצלט, סײַ סקעפּטיש – ס'פֿעלט אַ האָר

מע זאָל זיך מיט גאָרנישט אידענטיפֿיצירן. גאָר נישט קיין אײַדענטיטי.
מע וועט זיך טראָגן ווי אַ שטומער פֿיש אויף די וואַסערן פֿון סענטורי.

שמואל האָט פֿריִער געוווינט אין וויסקאָנסין.
(יאָ, ייִדן וווינען דאָרטן, אויב איר וועט אַ טראַכט טאָן.)

Death's in every corner. Or we're just sick.
We convince ourselves that these memories will stick.

We'll forget those parts, like they were nothing.
We'll only remember the tragedy – and that, we mustn't.

Why am I talking about joy in a pandemic?
Am I forgetting the deaths, the suffering and panic?

Do I refer only to the trivial everyday,
The foam of the sea, the sun in its rays?

Listen. I give permission to tell a story
With drops of joy (rain sprinkling) to the tally.

The story starts (where else) in a shul
Full of life and laughter – and boredom, sure.

It's Purim, in a synagogue queer-friendly and free,
Not so frum, but Jewish, and true to everybody.

Not so frum, but everyone is welcomed as they're able.
Meet the rabbi, Shmuel, warm and capable,

Interpreting Yiddishkeit for a new generation,
Skeptical and unrooted, no contradiction.

Don't center your identification. Not your identity.
Floating like a (dead) fish on the waters of the century.

Shmuel lived before in Wisconsin.
(Jews lived there. Advice to the ignorant.)

אויפֿגעוואָקסן אין אַ וואַרעמהאַרציקער ייִדישער פֿאַמיליע
געוואָלט אפֿשר ווערן אַ דאָקטער, געלערנט זיך גיטאַר שפּילן.

שמואל האָט זיך דערשלאָגן צו פֿילאַדעלפֿיע,
ווײַל דאָרטן האָט ער באַקענט זיך מיט ייִדן וואָס לעכצן נאָך סימפּאַטיע,

און ער האָט זיך געטראָפֿן מיט יעדן איינעם באַזונדער
פֿאַרפֿירט ערנצטע שמועסן מיט פֿרישע קינדער,

וואָס מע האָט זיי נאָר געשאַטעוועט אין די ווינקלען פֿון די גרויסע שילן,
אָדער אַוועקגעלייגט אין צימערן מיט זייערע אַנקסייעטי־פּילן.

ער האָט געוואָלט עפּעס אויפֿבויען פֿון דאָס נײַ,
וווּ עס זאָלן זיך טרעפֿן קוויר, לעזבישע, סטרייט און גיי

און דאָס ייִדישקייט זאָל זײַן אויף קיינעם נישט אַרויפֿגעצווונגען,
נאָר מתּוך פֿרייד ווי פֿון האַרצן צאַפּלדיק אַרויסגעשפּרונגען.

ער האָט זיך געפֿונען דאָרטן אַ היים
און נישט געוווּסט אויף 100% וואָס וועט זײַן דער ויקרא שם.

עולם האָט געשפּרודלט, קוויר און גיי אַהינגעשטראָמט
מע האָט זיך געפֿרייט און געשטאַרקט,
כאָטש ווייניק וואָס אין די שוואַרצע פּינטעלער געקאָנט.

ס'איז נישט קלאָר, בשעת איך שרײַב די שורות,
וויפֿל אַזאַ עם־האָרצות איז וויכטיק, וויפֿל שײַכות האָט עס

מיטן פֿאַרוויקלטקייט פֿון לעבן און זײַנע צרות.
פֿון די יסורים, וואָס שטעלן זיך אַוועק, שורות־שורות.

Grew up in a Jewish family, supportive, warm.
Wanted to be a doctor. Learned guitar.

He found his way to Philadelphia
Because he sensed that Jews there sought empathy

There he met everyone
Talked to kids. Counseled each one.

Kids who in a normal shul
Would be benignly neglected, shushed, or medicated, sure.

He wanted to build something new there
A place for straight, gay, lesbian, trans and queer

Yiddishkeit shouldn't be forced on anyone
But from joy - springing from the heart all at once

There he found a home
Not certain what would be its name

The crowd was lively, queer and free
Not learned traditionally, but confident Jewishly

It's not clear to me as I write these lines
Where learnedness matters to life's complications.

Whether knowing little in Jewish texts
Is important when troubles beset and beset.

אַזוי האָט זיך אַנטוויקלט די קהילה
אין זומערס הייסע, מיט שטימונגען קילע,

ביז יענעם געפּאַקטן, שׂשׂונדיקן פּורים,
וואָס האָט פֿאַרפֿלייצט דעם זכרון ווי אַ שטורעם.

איך ווייס נישט צי דו, לייענער געדענקסט
דאָס אַלץ איידער מע שטאַרבט און גוססט און קרענקט.

דאָס איז געווען דער זמן קאָנטאַקטיינו
מיר האָבן געשמועסט ווי פּאָרלעך, שנינו.

קיין מאָל נישט געמיינט, אַז אונדז וועט געשען,
וואָס ס'איז אַזוי פֿיל אַנדערע שוין געווען.

נאָר דעמאָלט האָט מען גאָר נישט געוווּסט
מע האָט סתּם געגעבן די האַנט און געהוסט.

זײַנען טייל קראַנק געוואָרן און געלעגן אין שפּיטאָל,
אייניקע זײַנען נישט צוריקגעקומען בכלל.

ס'איז נייטיק צו רעדן וועגן די געפֿאַלענע, די קרבנות,
נאָר מע דאַרף אויך רעדן וועגן די אַנדערע געטראָפֿענע דעם קאָראָנאַס.

לאָמיר אויסרעכענען די בני־קהילה שמואלס,
וואָס האָבן זיך אונטערגעוואָרפֿן דעם גרויל דעם גורלס.

געווען אַזוי פֿיל פֿילפֿאַרביקע, קוויר־לײַט,
וואָס טייל האָבן געוואָלט שאַפֿן נײַע וועלטן
און טייל סתּם געוואָלט זײַן אָלרײַט.

That's how the community began,
In hot summers with cool mood it ran

Till that full-crowded, joyful Purim
Which flooded memory thereafter like a storm

I don't know if you'll remember it all, reader
Before sickening and getting old and frailer

That was the Time of Our Close Contact
We pressed together in pairs, interacted

Never thinking that it would happen to us -
The thing that others had many times suffered

We didn't know any of that then.
We coughed and shook hands.

Some got sick and went to the hospital
Others didn't come back at all

One must talk about the victims, the fallen
But also about the others who were felled by Corona

Let's enumerate those unlucky of Shmuel's congregation
Who became subjects of fate's horrible propagation.

There were so many people of color, and otherwise; queer folk
Some of them wanted to create new worlds,
                                    others merely be ok.

געוועו איין מנין, ווו יעדער האָט זיך געכאַפּט,
אַז די קליינע אידיליע האָט געבלוטיקט און געקראַכט,

פורים געוועו. געלייענט די מגילה, אײַנגעקערט כוסות,
געוויצלט, גענאַשט, געפֿרייט זיך מיט די אָפּגעריבענע אותיות...

(אַן אַלטער קלף, ווער ווייסט אויב ס'איז נישט שוין פסול,
כאָטש ווער געדענקט אין דעם, אַז מע האַלט אין מיטן כוסל).

די מעשׂה איז געוועו, וואָס מע האָט דעמאָלט געטאָן,
מע האָט אַליין מיט פֿרייד פֿאַרקערפּערט די מגילה, גוף ווי פֿאַסאָן.

יעדער איז געוועו מרדכי, יעדער אסתּר,
יעדער איז געוועו מיטלמעסיקער אַחשוורוש, יעדער דער בעסטער,

יעדער איינער האָט זיך געפֿרעגט מיטן מבוטלדיקער גזירה,
בשעת עס האָט זיך געקאָכט אַ ווירוסדיקער זרע.

וואָס געדענק זיך צום מערסטנס פֿון דער מסיבה?
אַז ס'איז געוועו דאָס לעצטע טריט פֿאַר אַן אָפֿענעם גריבל.

אַן אָפֿענע גרוב, וואָס האָט אַזוי ווי אײַנגעשלונגען
איידער ס'איז געקומען דער גרויסער שפּרונג. אַלץ האָט געשפּרונגען

צדיקים נודניקעס דורכפֿאַלן פּיפּיקע,
גנבֿים, רכילותניקעס, חבֿרה־לײַט בעקערס
שטרימפּ־פֿאַרקויפֿערס אַלע

פֿרויען, מענער, רבײַם, בעלי־בתּים – גיי און סטרײַט אַלע,
די וואָס האָבן געלעבט העלטי, די וואָס האָבן געפֿרעסט אַלע...

There was minyan where everyone got it
And the mini-idyll bled and caught it.

It was Purim. The megillah was read, lechaims drank,
People partied, joked, enjoyed the verses that made them think

An old parchment scroll, who knows if it's still valid
Though who remembers that when the vodka's good and gellid

The whole story was what people in that moment did
The megillah as the form. The readers embodied.

Every person was Mordechai, each was Esther.
All were mediocre Achasueruses, worst and best.

Everyone was happy with the canceled decree
Even as the variants were deadly, free

Who is the one who remembers most of the party,
                                        what they did?
It was the last step before an open pit

An open pit that devoured so many
Before the final jump. It was a leap of everything

Tzadikim and bores and failures, clever thieves and gossipers
Social types, bakers, stocking sellers, everyone

Women, men, rebbes, householders, gay, straight, everyone
Those who lived healthy, those who overate, everyone.

העלטי און באָמס

אַלע קראַנקע און געזונטע אַלע
אַזוי פּיל מתים
דעקן די מאַפּע
ערבֿ־ושתי
דער ווירוס מיט זײַן לאַפּע
השם נסי
נאָר דאַכט זיך, נישט לעת־עתּה.
אָט איז עס דאָך
מיר זײַנען שוין דערנאָך?

וואָס טוט מען יעצט?
אַלץ איז כּמעט בעסער.
מע דאַוונט און פּרעסט.
גרויסע שׂימחות אין די געסלעך.
מע געדענקט און מע פֿאַרגעסט
אַז נישט־אַזוי־שלעכט איז נאָך נישט בעסער.
אין מיטן איז בינוני.
סעודת הודאה מיט לחם עוני.

אָט קומט ווידער אַ נײַע כוואַליע,
איצט ווידער דער זעלבער שטאָך
מע האָט זיך געהאַט אָפּגערוט פֿאַוואָליע
פֿון דעם לעבן פֿון טויט, נאָך און נאָך
וואָלט איצט געווען אַזאַ גרויסער סקאַנדאַל,
ווען מע זאָל פֿאַרגעסן אינעם גאַנצן בראָך?
נישט אַזוי ביטער ווי פֿריִער
מע מעג שוין אַרויס פֿון דער טיר.

So many dead

Cover the map
Criss-cross
The virus lays its paw
Miracles were assured
But might not happen.
This is what it's like.
Is it now post-pandemic?

What should we do now?
Everything's nearly better.
Davening, lavish smorgs
Big simchas in the street.
Remembering, we've forgotten
That almost-better isn't better.
A middle path is mediocre.
A banquet of thanks with bread of affliction.

Probably a new surge now
Another stab with the knife
We could now rest – or so we thought –
From the cycle of death and death.
Would it now be so much of a scandal
If we stopped thinking about the mess?
Not so terrible as before.
Let's get out the door.

גבֿיית־עדות

א., ברוקלין, 40 יאָר

צוליב דעם וואָס איך אַרבעט אין געזונט־אָפּטייל, האָב איך געוווּסט, אַז עפּעס גרויס קומט און אַז עפּעס וואָס טוישט אונדזערע לעבנס, קומט אין פּאָרויס פֿון אונדזער קהילה.

איך האָב געוווּסט אַרויסצושלעפּן מײַנע קינדער פֿון חדר אַ גוטע פּאָר טעג איידער די שולן האָבן זיך געשלאָסן.

מײַן געוועזענער מאַן האָט געשיקט מײַן עלטסטן אין חדר און געדאַוונט מיט אַ מנין אַ גוטע פּאָר טעג נאָך דעם.

גערופֿן דעם חדר ער זאָל אַהיימגיין ב"ה האָט ער מסכּים געווען.

געטיילט די קינדער צוויי חדשים.

די ייִנגערע קינדער האָבן נישט געזען זייער טאַטע און דער עלטערער האָט מיך נישט געזען.

למעשׂה האָב איך דאָס קיין מאָל נישט באַקומען,

איך ווייס נישט, וואָס איז עקסטרעם און וואָס איז נישט עקסטרעם.

נאָך פּסח האָב איך אָנגעהויבן פֿאָרן אין באָראָ־פּאַרק און לאָזן די קינדער זיך טרעפֿן מיטן טאַטע אין דרויסן.

איך בין געווען אַ ביסל משוגע.

נאָך שבֿועות האָט מײַן געוועזענער מאַן געזאָגט צו מיר –

מע האָט אָנגעהויבן צו האָבן אילעגאַל חדר.

מײַן געוועזענער מאַן האָט געפֿרעגט: צי קענסט אַ מענטש וואָס האָט געהאַט קאָוויד זינט פּסח?

איך האָב געהערט פֿון אַנדערע קוואַלן, אַז עס זײַנען זייער ווייניק פֿאַלן.

ס'מאַכט נישט קיין סענס.

Testimonials
A., 40 years old, Brooklyn

Because I work in a health department, I knew that something big was coming and that something that would change our lives was coming towards our community.

I was able to drag my children out of cheder days before the schools closed.

My ex-husband sent my oldest to cheder and prayed with a minyan for a good day.

They called cheder to send the kid home B'H he agreed

We split up the kids for two months

The younger children did not see their father and the older one did not see me

In fact, I never got it

I do not know what is extreme and what is not extreme

After Passover, I started driving to Borough Park to let the kids meet up with Dad outside

I was a little crazy

After weeks, my ex-husband said to me--

People began to have illegal cheder

My ex-husband asked if you know a man who has had covid since Passover

I have heard from other sources that there are very few cases

It makes no sense

פֿאַר וואָס זײַן אַזאַ צדקת זיי זאָלן בלײַבן אין דער היים?
אַפֿילו ס׳איז געווען אומלעגאַל האָב איך געוואָלט די קינדער זאָלן האָבן אַ נאָרמאַל לעבן.
זומער זײַנען מיר געפֿאָרן אויף קעמפּינג טריפּס.
כ׳בין געווען זייער שטרענג ביזן זומער.
כּמעט אַלע פֿון מײַנע חבֿרים האָבן באַקומען אין דער ערשטער כוואַליע
געווען סיטואַציעס וואָס זײַנען נישט געווען אַזוי זיכער
אַלע מאָל געגאַנגען אין געשעפֿט מיט דער מאַסקע
עד־היום הייס איך זיי אָנטאָן מאַסקעס
איך האַלט זייער שטאַרק פֿון מאַסקעס אינעווייניק
ס׳איז אַ קידוש־השם און כ׳וויל פֿאָלגן עצות פֿון דער רעגירונג
אין מײַן פּערזענלעכן לעבן בין איך ווייניקער און ווייניקער פּאַרזיכטיק
צווייטע כוואַליע איז געשען
איך לאָז זיך ווילגיין ווײַל כ׳ווייס ס׳וועט זײַן אַ 3טע כוואַליע
ס׳איז געווען אַ פּאָר מאָל קעמפּינג־טריפּס
כ׳בין געווען אויף אַ קעמפּינג־טריפּ
מײַן געוועזענער מאַן האָט געהאַט אַ סואָר טראָט
אפֿשר זאָלסטו נעמען די קינדער, זיי זאָלן זײַן ווייניקער עקספּאָזט
ייִנגסטער זון געטעסט פּאָזיטיוו
די לעצטע מענטשן האָבן עס געכאַפּט אויב זיי האָבן עס נאָך נישט געהאַט

די ערשטע כוואַליע איז געווען שוידערלעך
כ׳האָב געהאַט מער ווייניקער אַרבעט פּשוט נישט געוווּסט וואָס צו טאָן
כ׳האָב זיך געפֿילט שלעכט
ס׳האָט גענומען אַ לאַנגע צײַט ביז איך בין געווען אַסייענט צו אַ יוניט
כ׳האָב געהאַט זייער אַ סך מייט מיט די קינדער געגאַנגען אויף לאַנגע שפּאַצירן
כ׳האָב געציטערט געהערט אַ סיירען יעדן מינוט
געווען אַ שבת ווען מע האָט געהערט אַ סיירען יעדן מינוט
מײַן געוועזענערס שווער איז געשטאָרבן
פֿיר חבֿרים זײַנען געווען אין שפּיטאָל ב״ה האָבן אַלע געלעבט

To be such a tzedeykes and keep them home
Even though it was illegal, I wanted the children to have a normal life
This summer we went on camping trips
I was very strict until summer
Virtually all of my colleagues got iit in the first wave
There were situations that were not so safe
All times went into stores with a mask
To this day, I wear masks
I really like masks inside
It is a Kiddush Hashem and I want to follow the advice of the government
In my personal life I am less and less cautious
Second wave happened
I'm leaving because I know there will be a second wave
It was a campfire trip
I was on a camping trip
My ex-husband had a sore throat
Perhaps you should take the children, they should be less exposed
Youngest son tested positive
The last people would have caught it if they hadn't already

The first wave was horrible
I had more or less work just did not know what to do
I felt bad
It took a long time for me to become assigned to a unit
I had a lot of trouble with the kids going for long walks
I was shaking and heard a siren every minute
Was a Saturday when one heard a siren every month
My ex's brother died
Four friends were in the hospital B'H all lived

פֿיל מענטשן פֿון ב"פ זײַנען געשטאָרבן
פֿאַר מיר איז געווען איך בין געזעסן אין אויטאָ געוויינט און געוויינט
געווען עמאָשאַנעל
מײַן לעבן איז געוואָרן אַ סך גרינגער
פֿון דער אַנדערער זײַט איז געווען נישט געוווּסט וואָס וועט זײַן
צי וועל איך דאָס בײַקומען
איינער פֿון די טעג פֿון לאָקדאַונס האָב איך געזאָגט ווי צו מאַכן טייג
טאָמער וועט די מאַמע ליגן אין בעט

די ערשטע פּאָר וואָכן בין איך געווען אין מײַן אייגענער וועלט
דערנאָך גערופֿן חבֿרים צו מײַן סטופּ
געשטעלט בענקלעך פֿאַר חבֿרים נישט געווען אַזוי עלנט
אַלע איז געווען נאָרמאַל אין זומער

כ'האָב געמאַכט שבת־מאָלצײַטן מיט מענטשן וואָס האָבן ענטיבאַדיעס
כ'האָב באַקומען מאָדערנע גאַנץ פֿרי

יעצט אַז כ'האָב באַקומען מײַן וואַקצין גיי איך נאָך אַ מאָל אויף אונטערנעמונגען
כ'גיי מיר אין געשעפֿט
איך בין אין אַן אָפּ־אין סיטואַציעס
כ'וויל נאָך אַ מאָל האָבן אַ נאָרמאַלע לעבן

די עלטערע קינדער האָבן באַקומען
מײַנע שוועסטער האָבן באַקומען

מײַן לעבן איז צוריק צום נאָרמאַל

כמעט אַ מצווה נישט צו טראָגן אַ מאַסקע אין באָראָ פּאַרק

Many people from BP died
For me I was sitting in the car cried and cried
Was emotional
My life has become much easier
On the other hand, I had no idea what would happen
Will I get this
One of the days of lockdown I told the kids how to make dough in case their mother was stuck in bed

The first few weeks I was in my own world
Then called colleagues to my stop
Put out chairs for them so it wouldn't be so lonely
Everything was normal in summer

I made Shabbat meals with people who had antibiotics
I got moderna quite early

Now that I've got my vaccine, I'm going on business again
I sometimes go into work
I'm in an opt-in situation
Because once again have a normal life

The older children got it
My sisters got it

My life is back to normal

Almost a mitzvah not to wear a mask in Borough Park

שמעון, אין זײַנע 50ער, באָראָ פּאַרק

פֿאַר מיר איז געווען אַזוי –

באַקומען אַ פֿיבער פֿאַר סוכּות

אָנגעהויבן צו פֿיבערן געזיצן אין דער סוכּה איז נישט געווען ברוך השם
קיין קאַלטע רוחות

געקענט זיצן אין דרויסן

געדאַווענט אין דער סוכּה געגעסן אין דער סוכּה

געגאַנגען צו דאָקטער חול המועד

טעסט איז געווען פּאָזיטיוו

געוואָרן ערגער

געקאָלט הצלה

געבראַכט אַ גאַנצן מאַשין צו אָטעמען

נישט געוואָלט גיין אין שפּיטאָל.

מאָרגן צו פֿרי געקומען אַרײַן אין שפּיטאָל

דאָרט געלייגט אויף היי פֿלאו אָקסיגען

זעווענטי פֿײַף זייער נידעריק

איין טאָג נאָך דעם געגעבן פּלאַזמאַ צוויי פּאָרשנס מיט אַנדערע זאַכן איי
ווי מיט דאָס

ס'ז נישט געוואָרן בעסער

גערעדט מיט דער פֿעמילי געוואָלט געבן מיר אַ רעספּירייטער

די רבייס קומען זיי ווען זען

געוואַרט אַ שעה

דערנאָך נאָך אַ שעה נאָך אַ ביסל

Shimen, in his 50s, Boro Park

It was like this for me

Got a fever before Sukkos

Starting to sit in the sukkah with a fever, there were no cold
winds, thank God

Could sit outside

Served in the sukkah ate in the sukkah

Went to the doctor on chol hamoed

Test was positive

got worse

Called hatzoloh

Brought a whole machine to breathe

Did not want to go to the hospital

Came into the hospital early the next day

Put on high oxygen there

Seventy five very low

One day after this plasma was given experimentally with
other things like this

It didn't get any better

Talking to the family, they wanted to give me a respirator

The rabbis come and wanted to wait and see

Waited an hour

Then after an hour after a little

מאָרגן אין דער פֿרי איז געוואָרן נאָך בעסער

נישט געלאָזט עסן אָדער טרינקען

מע קען נאָך טשאַקן

נישט געגעבן אָדער טרינקען אַזוי איז געווען דרײַ טעג

גענומען עקס־ריי יעדן טאָג

האָבן זיי געזאָגט אַז דער עקס־ריי הייבט אָן צו ווערן אַ ביסעלע בעסער

מע מעג שוין אָנהייבן צו עסן אָבער טרינקען נישט

מורא געהאַט אַז דאָס וואַסער גייט אַרײַן אין דער לונג

נאָך צוויי טאָג

מע קען שוין אָנהייבן צו טרינקען און עסן

געוואָרן בעסער און בעסער און בעסער

דרײַ וואָכן קענט איר שוין אַהיימגיין

געזאָגט תּהילים בײַ זיך אין דער היים – אַ גרופּע חבֿרים

גענומען אַ טעלעפֿאָן־לײַן יעדער איינער איז געקומען געשמועסט אַ ביסל געזאָגט תּהילים צוזאַמען

ב"ה דער באַשעפֿער האָט אַלץ געטאָן כ'זאָל ווערן געזונט

טאָג פֿאַר די וואַלן

נאָוועמבער סעקאָנט

געמאַכט אַ גאַנצע וואָס מיט טאַנצן און זינגען די משפּחה איז געווען

דערנאָך נאָך 3 וואָכן געווען אויף אָקסיזשען אין דער היים

נאָך 1.2־1 וואָכן געווען אַ ביסל בעסער

געקענט דעמאָלט אַ ביסעלע וואָלקן מיט אָקסישזען געגאַנגען אין שיל דאַוונען

איך דאַרף עס אויך נישט בײַ נאַכט

געמאַכט אַ סעודת הודאה שוין אין גאַנצן געזונט

מוצאי שבת דרײַ חדשים צוריק

פֿילט זיך אין גאַנצן געזונט

Tomorrow morning was even better

Not allowed to eat or drink

You can still choke

Not given food or drink for three days

Took an X-ray every day

They said that the X-ray is starting to get a little better

You can start eating but not drinking

Afraid that the water will enter the lung

After two days

You can already start drinking and eating

Got better and better and better

You can go home in three weeks

I said Psalms in the home -- a group of friends

Taking a phone line, each one spoke and said a few
psalms together

God, the Creator, has done everything to make me healthy

The day before the elections

November Second

Made a whole dance and sing for the family

Then for three weeks I was on oxygen at home

After 1-1.2 weeks it was a little better

At that time,I called into Kol Mevaser

I don't need it at night either

Made a feast of gratitude already in full health

Saturday night three months ago

Feels completely healthy

אַ סך מאָל ווערט מען מיד אין מיטן טאָג מע מוז זיך אַראָפּלייגן אין מיטן טאָג, אויף אַ האַלבער שעה אַ שעה

קיינער נישט געקענט אַרײַנקומען

געבעטן אַ גלעזל שעה געוואָרן אַ שעה

מע דאַרף איבערטאָן גלאָווס מיט אַלעס

איין מאָל איז געווען אַ מעשׂה – זיי האָבן געטוישט עפּעס דעם אָקסישזען

קאַלטע ליכט

געדריקט דעם באַטאָן

געקומען מאַכט עס וואַרעם

איַם סאָרי

נאָך אַ פּאָר מינוט געוואָרן הייס

איך קען נישט ווידער אַרײַנקומען

הייסע לופֿט

האָט ער נישט געוואָלט אַרײַנקומען

אַראָפּגעדרייט אַ ביסל נאָך אַלץ וואַרעמע לופֿט נאָר געקענט אויסהאַלטן

אין דער פֿרי אַרײַנגעקומען אַ נײַער נויערס

יענע נאַכט נישט געקענט שלאָפֿן

איך האָב אַרײַנגערעדט אין קול מבֿשׂר אַרײַנגעקאָלט

נאָך גערעדט נאָך צוויי מאָל

מע האָט שטאַרק הנאה געהאַט

אַ סך אמונה

צום פּיישנט

נישט עק וועלט

דאָנט פֿײַט מיט די ניורסעס

זאָג אַ גוט וואָרט

Many times you get tired in the middle of the day, you have
to lie down in the middle of the day, for half an hour to an hour
No one could go into [the hospital room]
Asked for a glass an hour turned into an hour
Gloves must be replaced with everything
One time there was a story where they changed something
'with the oxygen
Cold light
I pushed the button
Asked for them to make it warmer
"I'm sorry"
After a few minutes it got hot
"I can't come in again"
Hot air
He didn't want to come in
Turned down a little, still there was only warm air
In the morning there was a new nurse

Couldn't sleep that night
I called in to Kol Mevaser
I called in a couple more times
People really enjoyed it
A lot of faith
Dont fight with the nurses
Say a good word

אַנייטינג וואָס מע וויל האָט מען אָפּגעלייגט

עניוויי נישט סטייבל

האָבן געשריגן

דו מוזט עניוויי צוקומען צו זיי

דאָנט בי ענגרי

ברענג אַ מאָל אַ פַּײַנע לאָנטש פֿאַר די נוירסעס

געווען בעסערע

איין מאָל האָב איך געשריגן אויף נויערסעס האָב איך איבערגעבעט אײַם

סאָרי

געבראַכט אַ פַּײַנעם לאָנטש

געווען אָרנטלעך

ס'איז נישט באַקוועם אָדער בטעמט

יעדער זאַך באַדערט אים

Whatever you want has been postponed

Anyway it wasn't stable [in the hospital]

People yelled

You have to meet them halfway anyway

Don't be angry

Bring a nice lunch for the nurses

There were better ones

One time I yelled at nurses, then I said I was sorry

Brought a nice lunch

Be decent

[Even if] It is not comfortable or convenient

Every thing bothers him

■ ■ ■

אין אַ קאָנטע לייג איך אַרײַן
יעדן צווייטן אָטעם
איך זאָל וועמען אַמאָל געבן
צוריק זײַן עולם קטן.
וואָס איז אָבער מיט מײַן קץ?
מילא ביז די ששים
וועל איך ווערטער איבערקײַען
פֿון צווישן די פּרושים.

■ ■ ■

In a special account I lay away
Every other breath,
Someday I hope to give someone
Back what they had left.
And what about my end of days?
Whatever. Till I'm sixty
I'll just repeat the same old words
As one of the perushim.

I felt misunderstood

Getrayt tsu shmuesn

Gezen az es haltn on di gantse tsayt

Oyb es geyt vayter on

Mayn bood pressure iz geven extremely low ikh bin geven dizzy

Geven in di 90s

Like it was low

Nokh dem hot er gezogt az di hospital iz nisht gut getrayt tsu haltn dem patient in the heym

I was in bed far a vokh tsayt

Hot man hot quarantined

Er hot nisht gekent geyn tsu zayn calls

I was in bed and he was taking care of the three kids

That was gong on for a week

Nokh a vokh hob ikh ongehoybn farlirn mayn sense of taste and smell

As I was feeling ill and other mentshn were feeling it me hot gezogt oh dos iz di symptoms

Gegesn a grilled cheese sandwich alts hot getasted vi gornisht

Kh'hob es gefried mitn oyl, geherik gefried, s'iz vi a comfort food,

Ikh zol filn di comfort in di food khotsh ikh ken nisht film dem tam in dem esn

Ba di third week

Dvoyre, in her 40s

Ikh arbet in a plats far special needs children

Ba March 15 in der fri hob ikh nisht gut gefilt

Geven glossy eyed ikh fil fluish gehapt a kar aheym

Gekalt mayn boss ikh ken nisht arayngeyn morgn ikh hob
covid ikh hob a fever

Mayn boss hot gezogt ok

Ba nakht bakumen an email az der ofis makht tsu

Nokh dem arayngefaln in bet

Geven zeyer zeyer sick

Ikh hob gefilt zeyer zeyer short of breath

Bay shabes friday night

Mayn man hot ongehoybn tsu otemen

I can't breathe i can't breathe

Mayn lungs hobn gefilt nisht vikhtik vi tif

Mayn man hot geworied gerufn

Mayn lungs were clear

Er hot gerufn a paramedic

Gemeynt az ikh hob an anxiety attack

Ikh bin di least person tsu zayn anxious

Ikh hob keyn mol nisht gehat keyn anxiety attack

Ikh bin nisht nervous

Ikh hob gefilt zey hobn mikh nisht farshtanen

Mayn man iz geven oykh fun deye gehakt me zoln nisht keyn in mikve

Er hot shtark gehaltn az me zol nisht makhn mikves in der heym

Geven a groyser backlash geshrign af hatzolah

In droysn fun undzer hoyz

Geven a minyen

Corona kheyder di lady flegt aropshikn treats in basement

A sakh veyniker shoen

Mayn meydl iz geven in ershtn klas

10 meydlekh af a mol 2 mol a vokh

Tsvey mol a vokh ivri iz geven zeyer shver

Ikh arbet essential worker - -der plats hot ufgemakht pretty shnel

Hobn zey gemakht a day care

Un mayn baby iz geven day care

Ikh plan nisht tsu bakumen di vaktsin

Ikh veys deye vos hobn

So far az ikh hob antibiodies ikh hob shoyn antibodies

Yenems kovid geyt nisht bashitsn azoy vi di kovid vos ikh hob gehat

Nisht genug gestudied

Ikh vel es gebn far mayne kinder eventually

For the time being ze ikh nisht keyn punkt

Mayne kinder zaynen fully vaccinated

Ikh bin gevorn pregnant

Ikh hob a kovid baby

Bay di second week hob ikh gecheated geton kleinikaytn kh'bin geven zeyer shvakh

Second week hot er bakumen zayne calls

Hob ikh gedarft ibernemen di calls

Hob ikh ongefangen tsu film beser

Hob ikh gedarft makhn peysekh

Di kinder yeder iz geven in der heym

Ongefangen filn beser

Mommy camp in der heym

Ikh vin zeyer shtark a routine mentsh

Schedule stickler

Yeder vert cuckoo from the slack of schedule

Ba 9 o'clock yeder muz zayn ongeton

Men geyt vartn afn bus

Me valkt arum di block

Azoy gegangen shlofn

Ikh hob gedarft geyn

Der dayen hot gezogt az me tor nisht geyn

Ikh hob nisht gevust

Di nekste khoydesh iz geven an ekstre corona mikva in an ander plats

Der dayen hot gezogt neyn, iz geven neyn

Nisht gehat di koyekh

This is what needs to be done

Undz zaynen geven di first ones in kiryas joel

Mir zaynen tsvishn di ershte vos geyen in masks

Mayn man hot gehat a box gloves in zayn car

Ikh hob workmates vos laydn

Zey kenen zikh nisht tsuzamenklobyn

Mer collect themselves at work

Eyner fun mayne colleagues zeyer creative zi hot farloyrn
fun ire creative juice

Ikh darf tsurik mayn brain ikh darf tsurik mayn brain

Di community az a whole is not very forthcoming mit
psychological issue

If someone suffered I wouldn't know about it

Mayne gute friends iz nisht

Vos zey shtrugglen

Is nisht kovid related

Completely unexpected

Er iz 4 khadoshim un er iz vaccinated

Bikhlla nisht 80% vaccinated yo bikhlal

Lazykayt fun di vos vaccinated nisht (biikhlal)

Plain azoy vi a lazy

95% hobn es gehat do far vos zol meyn arayngebn do epes vos me hot gehat

Mit kovid iz epes andersh

Yeder hot gehat kovid

S'iz an andere zakh

Vos iz di point

Ikh hob a nose fun a doggy

Ikh vil smells zeyer shtark

Kovid hot dos aropgenumen

Ikh hob mikh mekhaye geven

Mayn noz hot gearbet nor 50%

Dernokh eyn zakh hob ikh gehat

Paprika ikh vfil a metallic taste

After my delivery, mayn sense came back 100%

Mayn yingl laydt af a bad breath

Mayn noz iz tsurikgekumen

Neyn

Mayn man hot gehat lange

Mayne family hot zeyer sheyne memories fun kovid

Hob ikh gehat fuzzy brain afterwards

Shver tsu differentiate di khilek tsvishn pregnancy and post covid

■ ■ ■

דאָס איז דער טאָג, ווען אַלץ איז מעגלעך.
אַ הינטל האָט אויף אונדז אָנגעצילט די אייגלעך.

כאָטש עס בושעוועט דער טויט און דחקות שײַנט ווײַטער
די אָפּשפּיגלונג פֿון זון אין אַ קאַליוזשע. אויפֿגעהײַטערט.

אויב אַלץ איז מעגלעך, וואָס זשע וועט טאַקע זײַן?
מיר דאַרפֿן דאָס אַרומרעדן. קומט גיך צו מיר אַרײַן.

איר זעט אויס ווי דער עולם מיט וויסן און שׂכל.
אָדער – גלאַט אַזוי מענטשן מיט רייד. זײַט מוחל.

מילא, מיר זײַנען דאָ, די האָריזאָנטן צעפּראַלט.
וואָס וועט זײַן דער מאָרגן און וואָס ז'זײַן אינהאַלט?

אפֿשר איז איבעריק די תּיקונים, רייד.
בעסער חריפֿות־גראַמען און אַ סעודה אָנגעברייט.

נאָר צוליב וואָס גראַמען און וואָס הייסט באַטעמט?
צוליב דעם מוז מען דעבאַטירן בײַנאַנד און צוזאַם.

דער הונט וואַרט צו זען וואָס וועט זײַן.
זײַן צונג, אַלע ווײַלע, אַרויס און אַרײַן.

■ ■ ■

This is the day when all is possible.
A little dog trained his eyes upon us.

Though death is all around us and need is ever present
The sun glimmering in a pond, Liquescent.

If everything is possible, what will actually be the case?
We need to discuss that. Quickly come now to my space.

You look like a crowd with knowledge and smarts.
Or – just people who can talk. Sorry - that's a start.

Anyway. We're here. Open horizons.
What will be the future – what its content?

Maybe rules and speech are too much.
Maybe just tasty rhymes and a feast to match.

But why the rhymes? And what does taste mean?
That's food for debate, together, in teams.

The dog, meanwhile, waits to see what'll be.
Itts tongue, ever mobile, in and out, constantly.